1

Le Panoptique.

Jeremy Bentham

Le Panoptique.

Préface et annotation de Chaulveron

Editions BoD

1791

Editions BoD – Books on Demand

12/14 rond point des Champs Elysées, 75 008 Paris.

Imprimé par Books on demand, Allemagne.

ISBN : 9782322102099

Dépôt légal : janvier 2018

DU MEME AUTEUR.

CHAULVERON

Nostradamus et la fin des temps (janvier 2016).
Le prophète Daniel et la fin des temps (janvier 2017).

ANATOLE LE PELLETIER préface de CHAULVERON

Les oracles de Michel de Nostredame.

L'ABBE LEMANN et CHAULVERON

L'avenir de Jérusalem.
L'Antéchrist.

SUN TSE préface de CHAULVERON

L'art de la guerre et les 36 stratagèmes.

GUSTAVE LE BON

La psychologie des foules.

SITE NTERNET

http://astrologie-mondiale.com.

Préface.

Le Panoptique est une œuvre majeure de la pensée politique. Il est le fondement et le guide pratique de la dérive totalitaire des démocraties occidentales. On parle ici de surveillance des individus jusque dans leur vie la plus intime, de contrôle de la pensée pour un moindre coût financier. Inventé à la fin du XVIIIe siècle, il fut mis en pratique par les révolutionnaires français, puis appliquer tous au long du XIXe siècle dans le reste du monde.

La technologie du XXIe siècle, lui donne des moyens auquel n'aurait jamais pu rêver son inventeur. C'est la promesse d'un contrôle total et absolue sur la vie des petits citoyens au profit d'une élite restreinte. Le cauchemar d'Orwell et de Kafka réunit enfin à portée de main. La machine est en marche et ne semble plus vouloir s'arrêter.

Figure 1 : Jeremy Bentham, Henry William Pickersgill (1875).

Le Panoptique est né avec Jeremy Bentham (1748-1832). Philosophe et juriste anglais, il est le père de l'utilitarisme. L'utilitarisme est un système politico-juridique qui assurerait le bonheur du plus grand nombre. Seule la démocratie serait en mesure d'assurer un tel objectif.

L'idée est simple, le suffrage universel mis au profit d'une démocratie représentative, permettrait à chaque électeur de voter en fonction de son plaisir personnel. Au moment du choix, l'électeur réaliserait un arbitrage entre son plaisir et son déplaisir. Il fait la balance entre le positif et le négatif. Le vote serait le résultat de ce choix.

La multitude des arbitrages de tous les électeurs s'équilibrerait dans une sorte de pondération des extrêmes. La réunion des intérêts privés permettrait de faire émerger l'intérêt général. C'est en quelques sorte la main invisible d'Adam Smith, du libéralisme économique.

Notre système politique actuel fonctionne encore sur cette idée. Une fiction juridique inepte pour nous faire croire que le vote sert à quelques choses.

Que Jeremy Bentham invente cette justification du suffrage universel et de la démocratie peut paraître surprenante. Il y a une énorme contradiction entre la publicité faite pour une large démocratie et sa proposition du contrôle de la pensée des citoyens. D'un côté on veut laisser le choix aux électeurs et de l'autre on tente d'influencer son choix par des techniques de manipulation mentale. Elle est logique quand on y réfléchie. Que ce soit la main invisible ou sa déclinaison politique l'utilitarisme, on voit émerger un principe despotique, un modèle de société totalitaire.

La démocratie et le marché économique ne sont que des illusions visant à maintenir au pouvoir une petite élite peu nombreuse. Pour cela, il faut créer une illusion afin de justifier ce despotisme. Que chacun ait le choix de ses décisions, n'est qu'un leurre. Ce n'est que le choix pour l'esclave de se faire un maître.

En vérité le libéralisme politique n'est qu'une illusion. Avec le principe de l'élection, on met en place une multitude de mécanisme d'intimidation et de contrôle social. Il faut influencer les électeurs, les menacer, les manipuler pour qu'ils votent correctement. Le Panoptique est l'un de ses outils à la disposition du tyran.

L'histoire même du texte en dit long sur son contenu pratique.

Le livre de Bentham est rédigé, en 1786, mais ne fut publié qu'en 1791 a la faveur de la Révolution française. Le recueil fera l'objet d'un rapport du député Jean-Philippe Garran de Coulon[1] pour l'Assemblée nationale. L'élu portera un intérêt majeur au monde carcéral tout au long de sa vie. C'est sans doute pour cela qu'il fit connaître le texte de Bentham en France, puis dans le reste du monde.

On le comprend dès les premières lignes de la présentation. Jérémie Bentham explique très clairement qu'il envisage d'utiliser son idée pour l'ensemble de la société. Le monde carcéral n'est qu'un point de départ expérimental. C'est une parabole inconsciente sur l'aspect totalitaire du projet. Avec Bentham, le monde entier doit être une prison.

C'est une pensée effroyable. Il faut la dénoncer de toutes nos forces. C'est pour cela que je propose de le republier. Il faut ouvrir les yeux du grand public.

Le texte fut redécouvert à partir des années soixante-dix par Michel Foucault. C'est la publication de « Surveiller et punir » en 1975. L'œuvre de l'auteur, très critiquable, en ce qui concerne ses autres livres, ne doit pas occulter la pertinence de sa remarque sur l'extension du panoptique à l'ensemble de la société.

---

[1] Jean-Philippe Garran de Coulon (1748-1816) est élu député de Paris en 1791, puis député du Loiret en 1792, député de la Loire-Inférieure en 1795 et enfin sénateur à partir de 1799. Il est modéré, ne votera pas la mort du roi, s'opposera aux massacres dans les prisons et tentera de mettre en accusation Philippe Rühl pour avoir détruit la Saint-Ampoule.

Je n'en dirais pas plus sur l'œuvre du philosophe français. Cela dépasserait le cadre d'une introduction.

Bonne lecture.

Chaulveron
16 novembre 2017

LETTRE DE M. JÉRÉMIE BENTHAM à M. J. PH. GARRAN, Député à l'Assemblée Nationale.

Dover Street, à Londres, ce Novembre 1791.

Par la prochaine Diligence, je prendrai la liberté, Monsieur, de vous envoyer le livre anglais intitulé : le PANOPTIQUE, promis dans ma première lettre du... courant : ci-joint je vous envoie l'extrait qu'un ami a fait en français du même ouvrage. Je désirerais en faire hommage à l'Assemblée[2], pour y être lu, au cas qu'il vous parût de nature à fixer ses regards ; enfin, c'est à vos lumières que je le confie ; et si vous avez quelques conseils à me donner là-dessus, j'en profiterai avec reconnaissance. Quant au projet dont il s'agit, la conviction la plus intime, soutenue par l'opinion unanime de ceux qui en ont eu connaissance, m'a décidé à ne rien négliger pour en effectuer l'introduction.

La France, de tous les pays est celui où une idée nouvelle se fait le plus aisément pardonner, pourvu qu'elle soit utile ; la France, vers laquelle tous les yeux se tournent, et de qui l'on attend des modèles pour toutes les parties de l'administration, est le pays qui semble promettre au projet que je vous envoie sa meilleure chance.

Voulez-vous savoir à quel point est montée ma persuasion de l'importance de ce plan de réformation, et sur les grands succès qu'on en peut attendre ? Laissez-moi construire une prison sur ce modèle, et je m'en fais geôlier : vous verrez, dans le mémoire même, que ce geôlier ne veut point de salaire, et ne coûtera rien à la nation.

Plus j'y songe, plus ce projet me paraît de ceux dont la première exécution devrait être dans les mains de l'inventeur. Si

---

[2] Assemblée nationale législative élu les 29 août et 5 septembre 1791. Elle se réunira pour la première fois le 1er octobre 1791.

chez vous on pense de même à cet égard, peut-être qu'on ne répugnerait pas à se prêter à ma fantaisie. Quoi qu'il en soit, mon livre renferme les instructions les plus nécessaires pour celui qui en serait chargé ; et comme ce gouverneur de prince dont parle Fontenelle[3], j'ai fait mon possible pour me rendre inutile.

Je suis, avec respect,

Monsieur,

Votre très-humble et très-obéissant serviteur,

JEREMIE BENTHAM.

---

[3] Bernard Le Bouyer de Fontenelle (1657-1757).

PREMIÈRE PARTIE

MESSIEURS,

Si l'on trouvait un moyen de se rendre maître de tout ce qui peut arriver à un certain nombre d'hommes, de disposer tout ce qui les environne, de manière à opérer sur eux l'impression que l'on veut produire, de s'assurer de leurs actions, de leurs liaisons, de toutes les circonstances de leur vie, en sorte que rien ne pût échapper ni contrarier l'effet désiré, on ne peut pas douter qu'un moyen de cette espèce ne fût un instrument très-énergique et très-utile que les gouvernements pourraient appliquer à différents objets de la plus haute importance[4].

L'éducation, par exemple, n'est que le résultat de toutes les circonstances auxquelles un enfant est exposé. Veiller à l'éducation d'un homme, c'est veiller à toutes ses actions ; c'est le placer dans une position où on puisse influer sur lui comme on le veut, par le choix des objets dont on l'entoure et des idées qu'on lui fait naître.

Mais comment un homme seul peut-il suffire à veiller parfaitement sur un grand nombre d'individus ? Comment même un grand nombre d'individus pourrait-il veiller parfaitement sur un seul ? Si l'on admet, comme il le faut bien, une succession de personnes qui se relayent, il n'y a plus d'unité dans leurs instructions, ni de suite dans leurs méthodes.

On conviendra donc facilement qu'une idée aussi utile que neuve, serait celle qui donnerait à un seul homme un pouvoir de

---

[4] Si le livre, le panoptique est conçu pour s'appliquer à la prison, l'auteur de la traduction en français admet qu'il peut être étendue à l'ensemble de la société. On comprend dès la première phrase de l'introduction que le parlementaire français analyse la pensée de Jeremy Bentham comme totalitaire. Son objectif est de surveiller l'ensemble de la vie privée des individus pour contrôler les actes du peuple. On peut le considérer comme le précurseur du totalitarisme.

surveillance qui, jusqu'à présent, a surpassé les forces réunies d'un grand nombre[5].

C'est là le problème que croit avoir résolu M. Bentham par l'application soutenue d'un principe bien simple.

De tant d'établissements auxquels ce principe pourrait être appliqué avec plus ou moins d'avantages, les maisons de force lui ont paru mériter de fixer d'abord les regards du législateur. Importance, variété et difficulté, voilà les raisons de cette préférence. Pour faire l'application successive du même principe à tous ces autres établissements, on n'aurait qu'à dépouiller celui-ci de quelques-unes des précautions qu'il exige[6].

Introduire une réforme complète dans les prisons, s'assurer de la bonne conduite actuelle et de l'amendement des prisonniers, fixer la santé, la propreté, l'ordre, l'industrie dans ces demeures jusqu'à présent infectées de corruption morale et physique, fortifier la sécurité publique en diminuant la dépense au lieu de l'augmenter, et tout cela par une simple idée d'architecture, tel est l'objet de son ouvrage.

L'extrait que nous allons soumettre à vos lumières est tiré de l'original anglais qui n'a point encore été rendu public, et suffira pour faire juger de la nature et de l'efficacité des moyens qu'on y emploie.

Que doit être une prison ? Un séjour ou l'on prive de leur liberté des individus qui en ont abusé, pour prévenir de nouveaux crimes de leur part, et pour en détourner les autres par la terreur de l'exemple. C'est de plus une maison de correction où l'on doit se proposer de réformer les mœurs des personnes détenues, afin que leur retour à la liberté ne soit pas un malheur, ni pour la société, ni pour eux-mêmes.

---

[5] Le panoptique est un système permettant à un individu de surveiller un grand nombre de personne.

[6] Il propose d'appliquer le principe du panoptique d'abord à la prison, avant de l'étendre au reste de la société.

Les plus grandes rigueurs des prisons, les fers, les cachots, ne sont employés que pour s'assurer des prisonniers. Quant à la réformation, on l'a généralement négligée, soit par une indifférence barbare, soit parce qu'on a désespéré d'y réussir. Quelques essais dans ce genre n'ont pas été heureux. Quelques projets ont été abandonnés parce qu'ils demandaient des avances considérables. Les prisons jusqu'à présent ont été un séjour infect et horrible, école de tous les crimes et entassement de toutes les misères, que l'on ne pouvait visiter qu'en tremblant, parce qu'un acte d'humanité était quelquefois puni par la mort, et dont les iniquités seraient encore consommées dans un profond mystère, si le généreux Howard[7], qui est mort en martyr après avoir vécu en apôtre, n'avait réveillé l'attention publique sur le sort de ces malheureux, dévoués à tous les genres de corruption par l'insouciance des gouvernements.

Comment établir un nouvel ordre de choses ? Comment s'assurer, en l'établissant, qu'il ne dégénérera pas ?

L'inspection : voilà le principe unique, et pour établir l'ordre et pour le conserver ; mais une inspection d'un genre nouveau, qui frappe l'imagination plutôt que les sens, qui mette des centaines d'hommes dans la dépendance d'un seul, en donnant à ce seul homme une sorte de présence universelle dans l'enceinte de son domaine.

---

[7] John Howard (1726-1790), est un britannique auteur d'un rapport sur l'état des prisons anglaises. Il propose une réforme du système carcéral et des conditions de détentions des prisonniers.

Construction du Panoptique.

Une maison de pénitence sur le plan que l'on vous propose serait un bâtiment circulaire ; ou plutôt, ce seraient deux bâtiments emboîtés l'un dans l'autre. Les appartements des prisonniers formeraient le bâtiment de la circonférence sur une hauteur de six étages : on peut se les représenter comme des cellules ouvertes du côté intérieur, parce qu'un grillage de fer peu massif les expose en entier à la vue. Une galerie à chaque étage établit la communication ; chaque cellule a une porte qui s'ouvre sur cette galerie.

Figure 2 : L'intérieur de la prison Presidio Modelo, à Cuba.

Une tour occupe le centre : c'est l'habitation des inspecteurs ; mais la tour n'est divisée qu'en trois étages, parce qu'ils sont disposés de manière que chacun domine en plein deux étages de cellules. La tour d'inspection est aussi environnée d'une galerie couverte d'une jalousie transparente, qui permet aux regards de l'inspecteur de plonger dans les cellules, et qui l'empêche d'être vu, en sorte que d'un coup-d'œil il voit le tiers de ses prisonniers, et qu'en se mouvant dans un petit espace, il peut les voir tous dans une minute. Mais fût-il absent, l'opinion de sa présence est aussi efficace que sa présence même[8].

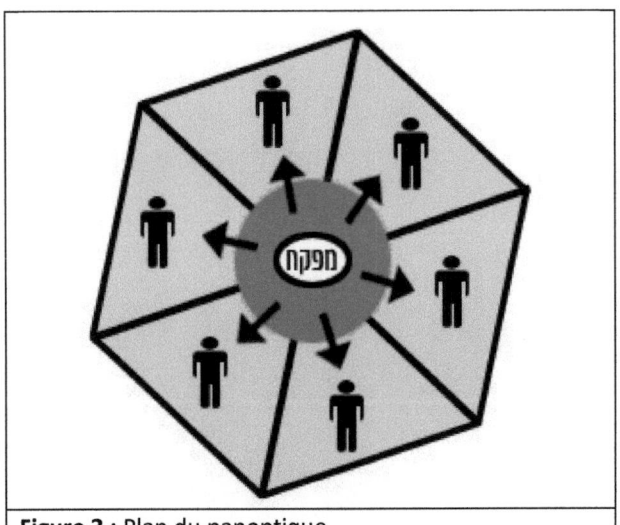

Figure 3 : Plan du panoptique.

Des tubes de ferblanc[9] correspondent depuis la tour d'inspection à chaque cellule, en sorte que l'inspecteur, sans aucun effort de voix, sans se déplacer, peut avertir les prisonniers, diriger

---

[8] Le principe du panoptique est exprimé dans cette idée. Le gardien regarde dans les cellules sans être vu. C'est ce que Bentham appelle « la jalousie transparente ». En revanche, le détenu ne peut pas voir le gardien qui le surveille. Ainsi, le détenu ne sait pas si le gardien est là. Ainsi il et maintenu en éveil se pensant sous surveillance permanente. Il n'est plus besoin de maintenir un gardien toute la journée. Le système est redoutablement efficace.

[9] Le ferblanc est un métal de fer recouvert d'étain pour l'empêcher de rouiller.

leurs travaux, et leur faire sentir sa surveillance[10]. Entre la tour et les cellules, il doit y avoir un espace vide, un puits annulaire qui ôte aux prisonniers tout moyen de faire des entreprises contre les inspecteurs.

L'ensemble de cet édifice est comme une ruche dont chaque cellule est visible d'un point central. L'inspecteur invisible lui-même règne comme, un esprit ; mais cet esprit peut au besoin donner immédiatement la preuve d'une présence réelle.

Cette maison de pénitence serait appelée panoptique, pour exprimer d'un seul mot son avantage essentiel, la faculté de voir d'un coup d'œil tout ce qui s'y passe.

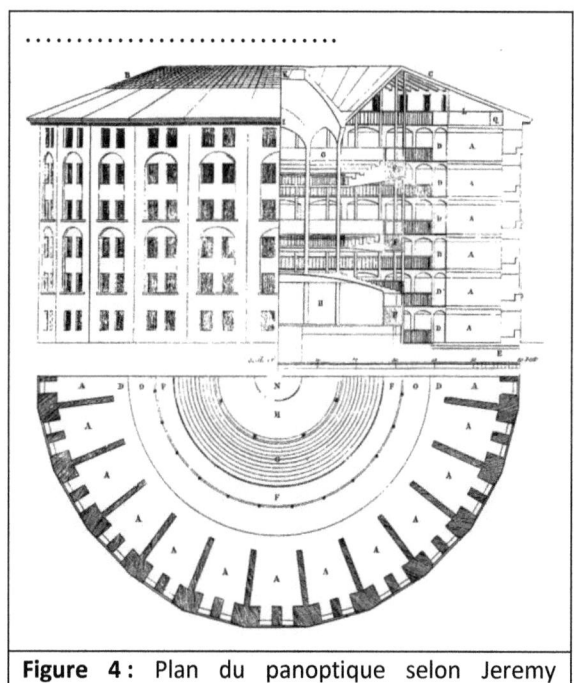

Figure 4 : Plan du panoptique selon Jeremy Bentham.

---

[10] Les tuyaux de ferblanc permettent de porter la voix du gardien vers les cellules. Aujourd'hui on utiliserait des hauts parleurs et des micros. Cela permet au gardien de montrer aux détenus qu'ils sont surveillés.

Avantages essentiels du Panoptique.

L'avantage fondamental du panoptique est si évident, qu'on est en danger de l'obscurcir en voulant le prouver. Etre incessamment sous les yeux d'un inspecteur, c'est perdre en effet la puissance de faire le mal, et presque la pensée de le vouloir. Un des grands avantages collatéraux de ce plan, c'est de mettre les sous-inspecteurs, les subalternes de tout genre, sous la même inspection[11], que les prisonniers : il ne peut rien se passer entre eux qui ne soit vu par l'inspecteur en chef. Dans les prisons ordinaires, un prisonnier vexé par ses gardiens n'a aucun moyen d'en appeler à l'humanité de ses supérieurs ; s'il est négligé ou opprimé, il faut qu'il souffre ; mais dans le panoptique, l'œil du maître est partout ; il ne peut point y avoir de tyrannie subalterne, de vexations secrètes[12]. Les prisonniers, de leur côté, ne peuvent point insulter ni offenser les gardiens. Les fautes réciproques sont prévenues, et, dans la même proportion, les châtiments deviennent rares.

Ce n'est pas tout : le principe panoptique facilite extrêmement le devoir des inspecteurs d'un ordre supérieur, des magistrats, des juges. Dans l'état actuel des prisons, ils ne s'acquittent qu'avec une grande répugnance d'une fonction si contrastante avec la propreté, le goût, l'élégance de la vie ordinaire. Dans les meilleurs plans formés jusqu'à présent, où les prisonniers sont distribués dans un grand nombre d'appartements, il faut qu'un magistrat se les fasse ouvrir l'un après l'autre, qu'il se mette en contact avec chaque habitant, qu'il leur répète les mêmes questions,

---

[11] Les gardiens doivent également être surveillé pour s'assurer de leurs loyautés. Les surveillants des gardiens devant eux-mêmes être sous le contrôle du panoptique, ainsi de suite.

[12] Lorsqu'un système porte atteinte gravement à la vie privée où aux libertés publiques, on justifie la nouvelle organisation par des motifs de sécurité. Encore aujourd'hui, l'argument est utilisé par l'oligarchie pour opprimer, toujours plus, le peuple. Tous cela se fait toujours « pour votre sécurité ».

qu'il passe les journées pour voir superficiellement quelques centaines de prisonniers : mais dans le panoptique, il n'est pas besoin de lui ouvrir les loges, elles sont toutes ouvertes sous ses yeux[13].

Une cause de répugnance bien naturelle pour la visite des prisons, c'est l'infection, la fétidité de ces demeures ; en sorte que plus il serait nécessaire de les visiter, plus on les fuit ; plus elles sont funestes à leurs habitants, moins il y a pour eux d'espérance d'obtenir du soulagement ; au-lieu que dans une maison de pénitence construite sur ce principe, il n'y a plus ni dégoût ni danger. D'où pourrait naître l'infection ? Comment pourrait-elle durer ? On verra dans la suite qu'on peut y établir une propreté aussi grande que dans les vaisseaux du capitaine Cook[14] ou dans les maisons hollandaises.

Observez encore que dans les autres prisons, la visite d'un magistrat fût-elle inattendue, fût-il aussi prompt que possible dans ces mouvements, on a toujours le loisir de dissimuler le véritable état des choses. Pendant qu'il examine une partie on arrange l'autre ; on a le temps de prévenir, de menacer les prisonniers et de leur dicter les réponses qu'ils doivent faire. Dans le panoptique, au moment où un magistrat fait son entrée, la scène entière est déployée à ses regards.

Il y aura, d'ailleurs, des curieux, des voyageurs, les amis ou des parents des prisonniers, des connaissances de l'inspecteur et des autres officiers de la prison qui, tous animés de motifs différents, viendront ajouter à la force du principe salutaire de l'inspection, et surveilleront les chefs comme les chefs surveillent tous leurs subalternes. Ce grand comité du public perfectionnera tous les établissements qui seront soumis à sa vigilance et à sa pénétration.

---

[13] Les juges peuvent ainsi contrôler une prison sans avoir à se salir et être agressé par les détenus. Il y a donc une séparation physique entre les dominants et les dominés.

[14] Le capitaine James Cook (1728-1779), est un explorateur britannique qui fut le premier européen à débarquer en Australie.

Détails sur le Panoptique.

L'ouvrage anglais entre dans tous les détails nécessaires pour la construction du panoptique. L'auteur s'est livré à des recherches infinies sur tous les degrés de perfectionnement qu'on pouvoir donner à un édifice de ce genre. Il a consulté des architectes ; il a profité de toutes les expériences des hôpitaux ; il n'a rien négligé pour adapter à son plan les inventions les plus récentes, indépendamment de ce que l'unité du panoptique et sa forme particulière ont donné lieu à des développements tous nouveaux de plusieurs principes d'architecture et d'économie. Mais cette partie de l'ouvrage qui forme un volume, n'est pas susceptible d'un extrait suivi. Ce n'est point sur ces détails qu'on doit juger le plan du panoptique. Si l'on approuve le principe fondamental, on sera bientôt d'accord sur les moyens d'exécution.

Nous tirerons pourtant de ce volume quelques observations détachées qui aident à sentir toute l'utilité qu'on peut retirer de ce nouveau système.

Le premier objet est **la sécurité du bâtiment** contre les entreprises intérieures et contre les attaques hostiles du dehors. La sécurité du dedans est parfaitement établie, soit par le principe même de l'inspection, soit par la forme des cellules, soit par l'isolement de la tour des inspecteurs, soit par rétrécissement des passages, et mille précautions absolument nouvelles qui doivent ôter aux prisonniers la pensée même d'une révolte et d'un projet d'évasion. On ne forme point de desseins quand on voit l'impossibilité de les exécuter ; les hommes se rangent naturellement à leur situation, et une soumission forcée amène peu-à-peu une obéissance machinale.

La sécurité du dehors est établie par un genre de fortification qui donne à cette place toute la force qu'elle doit avoir contre une insurrection momentanée, contre un mouvement populaire sans en faire une forteresse dangereuse, elle peut résister à tout, excepté au canon. Les détails sont si nombreux qu'il faut nécessairement renvoyer à l'ouvrage original ; mais on doit remarquer ici une idée nouvelle. En face de l'entrée du panoptique, il y. aura, dans la longueur du grand chemin, un mur de protection pour servir d'abri à tous ceux qui, dans un moment où la prison serait attaquée, voudraient passer sans se mêler de cette hostilité ; en sorte qu'on ne risquerait plus, en défendant la maison, de faire un carnage inconsidéré, de punir l'innocent avec le coupable, parce qu'il n'y aurait que des mal intentionnés qui franchiraient l'avenue séparée du public par ce mur de protection.

Au reste, on répète que cette prison ne sera jamais attaquée, précisément parce qu'on ne peut pas espérer de réussir dans l'attaque. L'humanité veut qu'on prévienne ces attentats en les tendant impraticables ; la cruauté est unie à l'imprudence quand on fait les instruments de la justice assez faibles en apparence pour inviter les destructeurs à une audace criminelle.

Le plan de la chapelle ne peut être bien saisi que par une longue description. Il suffit de dire, ici que la tour même des inspecteurs, subissant le dimanche, une métamorphose par ; l'ouverture des galeries, devient une chapelle ou le public est reçu, et que les prisonniers, sans sortir de leurs cellules, sont à portée de voir et d'entendre le prêtre qui officie.

L'auteur répond à une objection qu'on lui a faite : c'est qu'en exposant alors, les prisonniers, aux regards de tout le monde, on les endurcissait à la honte, et qu'ainsi l'on nuirait au but de la réformation morale.

Cette objection peut n'être pas aussi forte qu'elle le paraît d'abord ; parce que l'attention des spectateurs, divisée entre tous les prisonniers, ne s'attache individuellement sur aucun, et que ceux-ci, renfermés dans leurs cellules, à une certaine distance, songeront plus au spectacle qu'ils auront sous les yeux, qu'à celui dont ils seront eux-mêmes les objets. Mais, d'ailleurs, rien n'est plus facile que de leur donner un masque. Le crime abstrait sera exposé à la honte, tandis que le criminel sera épargné. Par rapport aux prisonniers, l'humiliation n'aura plus sa pointe déchirante : par rapport aux spectateurs, l'impression d'un tel spectacle sera plutôt fortifié qu'affaiblie. Une scène de cette nature, sans lui donner des couleurs trop noires, est telle en elle-même, qu'elle frapperait l'imagination, et qu'elle servirait puissamment au grand objet de l'exemple. Ce serait un théâtre moral dont les représentations imprimeraient la terreur du crime.

Il est bien singulier que la plus horrible des institutions présente à cet égard un modèle excellent. L'inquisition avec ses processions solennelles, ses habits emblématiques, ses décorations effrayantes, avait trouvé le vrai secret d'ébranler l'imagination et de parler à l'âme. Dans un bon comité de lois pénales, le personnage le plus essentiel est celui qui est chargé de combiner l'effet théâtral.

Pour revenir au panoptique, on ne doit pas oublier que c'est là, la seule occasion où les prisonniers auront à rencontrer les yeux du public. En tout autre temps, les visiteurs seront invisibles comme les inspecteurs, et ainsi on ne doit pas craindre que les prisonniers s'accoutument à braver les regards, et deviennent insensibles à la honte.

Une chapelle publique est de la plus grande importance dans une maison de pénitence destinée à l'exemple : c'est de plus un moyen infaillible d'assurer l'observation de tous les règlements relatifs à la propreté, à la santé, et à la bonne administration du panoptique.

Le choix des matériaux dans la construction est tel qu'il donne la plus grande sécurité contre le danger d'un incendie : le fer, partout où il peut entrer ; point de bois ; le plancher des cellules, s'il est de pierre ou de brique, doit être recouvert de plâtre, parce que n'ayant point d'interstices, il ne recèle ni immondices, ni levains de maladies, et que, d'ailleurs, il est incombustible.

Howard ne sachant comment se déterminer dans le choix des inconvénients, ne veut point de fenêtres dans les cellules, parce que la perspective de la campagne détourne les prisonniers du travail : il ne laisse qu'une ouverture en haut, inaccessible à leur vue, avec un contrevent de bois pour écarter la neige et la pluie.

Il ne leur donne point de feu, à cause des dangers auxquels on exposerait la prison, et croit pourvoir à la différence des saisons par la différence des habits.

Dans le panoptique, on multiplie les fenêtres, parce qu'avec tant de précautions, on ne craint pas l'évasion des prisonniers, et que si même ils s'évadaient sous les yeux de leurs inspecteurs, ils auraient encore à franchir au dehors une foule d'obstacles très-puissants. La multiplication des fenêtres n'est pas seulement un soulagement nécessaire à la captivité, c'est encore un moyen de santé et d'industrie, puisqu'il est bien des genres de travaux pour lesquels il faut beaucoup de lumière, et qu'on est forcé d'abandonner si l'on ne peut pas se soustraire aux variations du temps, que l'on éprouve nécessairement sous une ouverture pratiquée au haut d'une cellule ; ôter à un homme sa liberté, ce n'est point le condamner à souffrir le froid, ni à respirer un air fétide. Les poêles employés pour réchauffer les prisons auraient plusieurs inconvénients, indiqués dans l'ouvrage anglais. Mais l'on peut avec une dépense médiocre faire passer dans les cellules des tubes qui soient des conducteurs de chaleur, et qui servent en même temps au renouvellement de l'air. Cette précaution dictée par l'humanité, est conforme à l'économie, parce que les prisonniers pourront continuer leurs travaux sans interruption.

D'autres tubes peuvent distribuer l'eau dans toutes les cellules. On épargnera beaucoup d'emploi laborieux pour le service domestique, et les prisonniers ne seront pas exposés à souffrir par la négligence ou la malice d'un gardien.

Nous terminerons ici l'extrait de ces observations générales sur la construction du panoptique. Il faudrait tout traduire pour montrer que l'attention de l'auteur s'est étendue à une foule d'objets négligés et impossibles à remplir dans les prisons ordinaires.

Le grand problème est de donner à l'application du principe panoptique le degré de perfection dont elle est susceptible. Pour cela il faut faire en sorte qu'elle puisse s'étendre à chaque individu parmi les prisonniers, à chaque instant de sa vie et par conséquent à chaque portion de l'espace qui le renferme[15]. Ce problème exige une grande variété de solutions : et l'auteur les a données toutes. Cette partie concerne principalement les architectes : mais ce qui est entièrement du ressort des législateurs, c'est l'administration intérieure d'une telle maison. C'est le sujet de la seconde partie de ce mémoire.

---

[15] En conclusion de la première partie de son livre, l'auteur explique que l'objectif du panoptique est le contrôle de l'ensemble de la vie des prisonnier et la surveillance intégrale de son espace de vie. On retrouve cette idée dans l'application du système de Bentham a d'autre domaine de la vie collective.

34

DEUXIEME PARTIE

De l'administration du panoptique.

L'administration des maisons de pénitence est un des objets sur lesquels il est le plus difficile de réunir les opinions, parce que chaque homme, selon la différence de ses dispositions, prescrit différentes mesures de sévérité ou d'indulgence. Quelques-uns oublient qu'un prisonnier enfermé pour, ses fautes, est un être sensible ; d'autres ne songent plus que son état est une punition ; les uns voudraient lui ôter toutes les petites jouissances qui peuvent adoucir sa misère, tandis que les autres crient à l'inhumanité sur tous les points de cette discipline pénitentielle.

Je vais poser quelques principes fondamentaux qui, malheureusement dans l'application, laissent encore un champ trop vaste à l'incertitude et aux opinions contraires, mais qui ont du moins, l'avantage d'éclaircir la question, et de mettre les personnes qui disputent, à portée de s'entendre.

Il faut, avant tout, rappeler sommairement les objets qu'on doit se proposer dans toute institution de ce genre : détourner de l'imitation des crimes par l'exemple de la peine, prévenir les offenses des prisonniers pendant leur captivité, maintenir la décence parmi eux, conserver leur santé et la propreté qui en fait partie, empêcher leur évasion, leur ménager des moyens de subsistance pour le temps de leur élargissement, leur donner les instructions nécessaires, les plier à des habitudes vertueuses, les préserver de tout mauvais traitement illégitime, leur procurer le bien-être dont leur état est susceptible sans aller contre le but de la punition, et, enfin, obtenir tout cela par des moyens économiques, par une administration intéressée au succès, par des règles de subordination intérieure qui mettent tous les employés sous la main du chef et le chef lui-même sous l'œil du public ; tels sont les divers objets qu'on doit se proposer dans l'établissement d'une prison.

Tous les plans qu'on a proposés jusqu'à présent pêchent tous par un excès de sévérité ou pas un excès d'indulgence, ou par une exagération dans les frais qui a tout fait échouer. Les trois règles subséquentes seront d'un grand usage pour éviter ces différentes erreurs.

Règles de douceur.

La condition ordinaire d'un prisonnier condamné à un travail forcé pour, un temps long, ne doit pas être accompagnée de souffrances corporelles, préjudiciables ou dangereuses à sa santé ou à sa vie[16].

Règle de sévérité.

Sauf les égards dus à la vie, à la santé et au bien-être physique, un prisonnier, subissant ce genre ; de peine pour des offenses qui ne sont guères commises que par des individus de la classe la plus pauvre, on ne doit pas rendre sa condition meilleure que celle des individus de cette même classe qui vivent dans un état d'innocence et de liberté[17].

Règle d'économie.

Sauf ce qui est dû à la vie, à la santé, au bien-être physique, à l'instruction nécessaire, aux ressources futures des prisonniers, l'économie doit être une considération du premier ordre dans tout ce qui concerne l'administration. On ne doit admettre aucune

---

[16] Le panoptique ne doit pas infliger de souffrance physique aux prisonniers. En aucun cas on ne doit risquer la vie du détenu. En effet, le règne sur des hommes morts est sans intérêt.

[17] Si l'on doit veiller à la vie des prisonniers, il faut quand même le maintenir dans un état de pauvreté et de promiscuité, car sa situation ne doit pas être meilleur que ceux qui les surveillent. Il est en corrélation avec le premier principe.

dépense publique, on ne doit rejeter aucun profit, par des motifs de sévérité ou d'indulgence[18].

La règle de douceur est fondée sur des raisons de la plus grande force. Les rigueurs qui affectent la vie et la, santé des prisonniers, renfermées dans le secret d'une prison, sont à pure perte pour le principal objet des peines l'égales, qui est l'exemple. D'ailleurs, comme ces rigueurs se prolongent pendant une longue période, l'emprisonnement devient une peine plus rigoureuse que d'autres peines qui, dans l'intention de la loi, doivent être plus sévères. Ainsi, par un renversement de justice, des hommes moins coupables que d'autres se trouvent condamnés à une plus grande punition. Enfin, comme ces rigueurs abrègent la vie, elles sont équivalentes à une peine capitale, quoiqu'elles n'en portent pas le nom. Si donc le pouvoir exécutif expose la vie des prisonniers par des sévérités que le législateur n'autorise pas, il commet un véritable homicide ; mais, si le législateur autorise ces sévérités, il en résulte qu'il ne condamne pas un homme à mort, et que pourtant il le fait mourir, non pas par un supplice d'un instant, mais par un supplice horrible qui dure quelquefois plusieurs années. Il en résulte encore, que ces prisonniers ne sont point punis relativement à l'énormité de leurs offenses, mais relativement à leur force plus ou moins grande à leurs facultés de résister plus ou moins aux rigueurs de leur traitement.

La règle de sévérité n'est pas moins essentielle ; un emprisonnement qui offrirait à des coupables une situation meilleure que leur condition ordinaire dans l'état d'innocence, serait une tentation pour des hommes faibles et malheureux, ou du moins elle n'aurait pas ce caractère de peine qui doit effrayer celui qui est tenté de commettre un crime.

---

[18] Il faut faire des économies dans le budget des prisons. Le principe du panoptique permet d'économiser de l'argent, c'est son principal intérêt vis-à-vis des autres systèmes de surveillance.

La règle d'économie, toujours importante en elle-même, l'est beaucoup plus dans un système où l'on a voulu lever la principale objection qu'on a faite contre la réforme des prisons ; savoir, l'excessive dépense : il fallait montrer que le système actuel réunissait à tous ces avantages celui d'une économie supérieure.

Mais comment s'assurer de l'économie ? Par les mêmes moyens qui la font régner dans un atelier, dans une manufacture. Les établissements publics[19] sont sujets à être négligés ou volés ; les établissements particuliers[20] prospèrent sous la garde de l'intérêt personnel : il faut donc confier à la vigilance de l'intérêt personnel l'économie des maisons de pénitence. Cet article est essentiel, et demande une explication détaillée.

---

[19] C'est la gestion par l'état.

[20] C'est la gestion par une personne privée.

Comparaison des deux modes d'administration, l'une par contrat, l'autre de confiance.

On ne peut choisir qu'entre deux espèces d'administrations : administration par contrat ou administration de confiances.

L'administration par contrat est celle d'un homme qui traite avec le gouvernement, qui se charge des prisonniers à tant par tête, et qui applique leur temps et leur industrie à son profit personnel, comme fait un maître avec les apprentis.

L'administration de confiance est celle d'un seul individu, ou d'un Comité, qui soutiennent les frais de l'établissement aux dépens du public, et qui rendent au trésor public les produits du travail des prisonniers.

Pour se déterminer dans le choix de ces deux moyens, il suffirait, ce semble, de poser les questions suivantes : de qui doit-on espérer plus de zèle et de vigilance à la tête d'un établissement de cette nature ? Est-ce de celui qui a beaucoup d'intérêt dans son succès, ou de celui qui n'en a que peu ? Est-ce de celui qui partage les pertes comme les profits, ou de celui qui a les profits sans les pertes ? Est-ce de celui dont les gains seront toujours proportionnés à sa bonne conduite, ou de celui qui est toujours sûr du même émolument, soit qu'il administre bien ou mal ?

L'économie a deux grands ennemis, **le péculat**[21] et **la négligence**[22]. Une administration de confiance est exposée à l'un et à l'autre ; mais une administration par contrat rend la négligence improbable, et le péculat impossible.

---

[21] Le péculat c'est le vol ou la disparition des deniers publics. Aujourd'hui on parlerait de détournement de fonds publics.

[22] La négligence c'est l'absence d'entretien des locaux de la prison.

On ne dit pas que des administrateurs désintéressés ne rempliraient jamais bien les devoirs de ces places : l'amour du pouvoir, de la nouveauté, de la réputation, l'esprit public, la bienveillance, sont des motifs qui peuvent nourrir leur zèle ; et leur inspirer de la vigilance. Mais l'entrepreneur par contrat ne peut- il pas aussi être animé par ces différents principes ? Le poids d'un nouveau motif détruirait-il l'influence, des autres ? L'amour du pouvoir, est sujet à sommeiller ; l'intérêt pécuniaire ne s'endort jamais. L'esprit public se ralentit, la nouveauté s'efface ; mais l'intérêt pécuniaire devient plus ardent avec l'âge.

Accordons que les administrateurs désintéressés ne se rendront jamais coupables ni de péculat, ni de grossière négligence. Pourront-ils tendre tous les ressorts de l'économie et du travail au même point qu'un homme intéressé personnellement dans le succès de ses soins ? Bon et mauvais sont des termes de comparaison. Que votre administration vous paraisse florissante et productive, vous ne pouvez pourtant pas savoir quelle épithète elle mérite, jusqu'à ce que vous l'ayez vue dans des mains intéressées : c'est là son vrai critère. Elle peut être bonne en comparaison de ce qu'elle a été, quoiqu'elle soit mauvaise en comparaison de ce qu'elle peut devenir.

Ce n'est pas tout : les administrateurs désintéressés, c'est-à-dire, n'ayant point, comme l'entrepreneur, les profits de la maison, jouissent cependant d'un salaire, qu'ils fassent leur devoir ou ne le fassent pas. Or, un salaire est un très-grand motif pour prendre une place, mais ce n'est point un motif pour en remplir assidument les fonctions : au contraire, il affaiblit la liaison qui doit exister entre l'intérêt et le devoir. Plus ce salaire est considérable, plus il met un homme au-dessus de sa place, plus il le jette au milieu du monde et des plaisirs, plus il le dégoûte d'une attention qui lui paraît servile et minutieuse ; et si le salaire est assez grand, le fonctionnaire public cherche d'abord un commis, un député qui fait tout l'ouvrage, en sorte que ce n'est plus ce que vous donnez au chef, mais ce que le chef donne à son subdélégué, qui fait aller le travail. Le salaire même, en proportion de sa grandeur, a une tendance funeste à ne laisser le choix pour les places, qu'entre les hommes les plus incapables. Les places richement dotées sont la proie des intrigants accrédités, les enfants gâtés de la fortune, qui sont, non pas les courtisans, mais les pages des ministres et de chaque ministre, dont le mérite est dans leur opulence pendant que leur titre est dans leurs besoins, et dont l'orgueil est au-dessus de l'application des affaires, autant que leurs talents sont au-dessous.

On trouvera sans doute des administrateurs qui voudront servir sans intérêt, pour l'honneur et le bien public ; mais quoiqu'ils puissent faire mieux que ceux qui auraient un salaire ils feront moins bien qu'un entrepreneur. Aimer le pouvoir et l'autorité d'une place, ce n'est pas toujours en aimer la fatigue et les embarras ; et même aimer les fonctions pendant qu'elles ont le vernis de la nouveauté, n'est pas une caution qu'on les aimera quand la nouveauté sera usée. D'ailleurs, où le zèle de l'intérêt n'est pas, il peut toujours manquer beaucoup à l'activité de l'industrie.

Mais la grande objection contre les administrateurs gratuits, c'est que plus un homme est assuré d'obtenir la confiance, moins il fait d'efforts pour la mériter. La jalousie est l'âme du gouvernement ; la transparence de l'administration, si je puis, parler ainsi, est la seule sécurité durable ; mais la transparence même ne suffit pas, s'il n'y a pas des observateurs curieux pour tout examiner avec attention. Voyez l'entrepreneur par contrat, chacun l'épie avec une jalouse défiance ; chacun le regarde comme agent suspect, qu'il faut veiller de près, de peur qu'il ne tyrannise les prisonniers, et ne les opprime. Toutes ses fautes seraient exagérées ; tous ses torts seraient mis dans le plus grand jour : mais l'administrateur gratuit, charmé de sa propre générosité, attend de tout le monde une estime presque aveugle, une déférence presque illimitée. Il semble que du haut de ses vertus il dise au public « *qu'un homme comme, lui, qui sert sans intérêt, qui méprise l'argent, a droit à la confiance, aux égards ; qu'on l'offenserait par, des soupçons ; et que s'il daigne rendre ses comptes, c'est une œuvre surérogatoire qu'il ne doit qu'à son honneur* ». Le public est du même avis ; et si quelqu'un ose relever les abus les négligences, les vexations mêmes de cette administration généreuse, il n'y a qu'un cri d'indignation contre lui.

Quant aux inconvénients d'une administration, confiée à plusieurs personnes, ils sont connus de tous ceux qui ont un peu d'expérience. La multiplicité des gérants détruit l'unité du plan, cause une fluctuation perpétuelle dans les mesures, amène la discorde ; et après une lutte longue et pénible entre les associés, le plus fort ou le plus opiniâtre demeure maître du champ de bataille. Si le pouvoir est susceptible de partage, les administrateurs s'arrangent pour être absolus chacun dans son département. Comme la Nature répare les fautes d'un médecin, un contrat tacite corrige ainsi le vice de la loi dans un Comité d'administration.

Après tout cela, le public, qui toujours épris de la vertu et de la générosité en théorie, aimerait mieux perdre cinquante mille livres par négligence, que d'en voir gagner mille à un homme par péculat, ne manquera pas de crier que le plan de mettre les prisonniers entre les mains d'un entrepreneur, est un plan inhumain, une usure barbare ; qu'on expose ces malheureux à tous les mauvais traitements qui peuvent résulter de la cupidité de leur maître, intéressé à leur donner une mauvaise nourriture, et à leur imposer un excès de travail. Une comparaison qui se présente d'elle-même avec l'esclavage des noirs, achèvera le tableau, et jettera la plus grande défaveur sur ce projet.

Avec tout ce beau langage d'humanité, les prisonniers ont été, jusqu'à présent, les plus malheureux des êtres : c'est qu'on se borne à faire des règlements et que les règlements seront toujours vains, jusqu'à ce qu'on ait trouvé le moyen d'identifier l'intérêt des prisonniers et de leur gouverneur. On ne peut y réussir que par une administration par entreprise.

Les devoirs de l'entrepreneur envers les individus confiés à ses soins peuvent être, dans l'établissement, tellement liés à son intérêt, qu'il sera forcé de faire, pour son propre avantage, tout ce qu'il ne serait pas porté à faire pour le leur.

Le principe général est le même pour assurer les devoirs d'humanité que pour assurer ceux d'économie.

Il faut assigner un bénéfice croissant en proportion du bien qu'il aura fait, et le soumettre à une perte en proportion du mal qui aura résulté de l'omission de ses devoirs.

Les assurances sur la vie des hommes sont une belle invention qu'on peut appliquer à un grand nombre d'usages, mais surtout dans le cas où il s'agit de lier l'intérêt d'un homme à la conservation de plusieurs.

Supposons trois cents prisonniers, et que d'après le calcul moyen des âges, en y faisant entrer les circonstances particulières des habitants d'une prison, on suppute, par exemple, qu'il en mourra un sur vingt chaque année ; donnez à l'entrepreneur dix livres sterling pour tout homme qui doit mourir ; c'est-à-dire, dans la supposition actuelle 150 livres sterling ; mais à condition qu'à la fin de l'année il vous paiera dix livres sterling pour tout individu qu'il aura perdu, soit par la mort soit par une évasion. Vous pouvez même doubler cette somme pour augmenter l'influence, de son intérêt ; et s'il se trouve plus riche à la fin de l'année, s'il fait, en quelque sorte, une économie de la vie humaine, quel argent pouvez-vous moins regretter que celui par lequel vous aurez acheté la conservation et le bien-être de plusieurs hommes ?

Cependant ne vous fiez pas, dit l'auteur à ce moyen seul, quelle que soit son énergie réelle, fondée sur un intérêt facile à calculer. *La publicité* est la meilleure de toutes les cautions, elle perfectionne tout : c'est le meilleur moyen de mettre en œuvre tous les motifs moraux et toutes les ressources intellectuelles. Cette prison bâtie sur le principe panoptique, est transparente, ouverte à tout le monde ; il suffit, en quelque manière, d'un coup d'œil pour la voir toute entière. Chacun peut juger, par soi-même si l'entrepreneur remplit les conditions de sa place, et il n'a point de faveur à espérer, parce que le public, toujours plus enclin à la pitié qu'à la rigueur, se fera beaucoup plus de mérite d'écouter les plaintes des prisonniers, que les raisons de l'entrepreneur[23].

---

[23] On parlerait aujourd'hui de principe de transparence. Le public doit pouvoir regarder l'intérieur des prisons pour surveiller les détenus. C'est un deuxième

Pour augmenter la force de cette sanction, il sera tenu de publier tous ses comptes, tous les procédés tous les détails de son gouvernement, toute l'histoire, en un mot, de sa prison : ce compte sera rendu sous serment, et soumis à un examen contradictoire.

Mais, afin d'écarter tout intérêt pécuniaire qui pourrait l'engager à dissimuler, il faut que sa place lui soit assurée pour sa vie, sous les réserves ordinaires de bonne conduite : car il ne serait ni prudent, ni juste de l'obliger à publier tous ses moyens de profit, et à en tirer parti contre lui, soit pour augmenter le prix de sa ferme, soit pour appeler d'autres concurrents.

Si les termes de ces contrats sont d'abord désavantageux, ils deviendront meilleurs pour le gouvernement, à mesure que l'intérêt particulier aura perfectionné ces entreprises. Un homme industrieux fera un gain légitime, et l'Etat en profitera dans tous les marchés subséquents.

Je le répète encore, parce qu'on a besoin d'insister quand on attaque des préjugés publics, et surtout des préjugés respectables. Tout système d'administration qui est assis sur le désintéressement réel ou présumé, est ruineux dans ses bases. Il peut, dans le principe, avoir un succès momentané, mais il ne sera pas durable. Le motif sur lequel on doit le plus compter, est celui dont l'influence est la plus uniforme et la plus générale. Ce motif est l'intérêt personnel, corrigé par la publicité la plus grande.

---

contrôle après celui du gardien depuis sa tour. Le principe de publicité concerne également la publication de l'ensemble des documents au grand public. Actuellement, je suis effectivement frappé par le fait que l'ensemble des éléments concernant la surveillance des citoyens sont publié dans des livres, magasines ou sites internet. Pourquoi dévoiler les plans de domination ? Le problème est que personne ne va les lires où les consulter. Les rares curieux qui le font ne sont pas cru, car le principe de transparence se double d'une dénonciation des soi-disant complotistes.

Les objets du gouvernement intérieur.

Après avoir montré combien une administration par contrat promet plus de vigilance et d'économie que tout autre genre d'administration, je vais entrer dans l'examen des différents objets du gouvernement intérieur de ces asiles de pénitence.

Séparation des sexes.

Le moyen qui se présente d'abord, pour effectuer cette séparation, c'est d'avoir deux panoptiques ; mais la raison d'économie s'y oppose d'autant plus, que dans le nombre total des prisonniers, il n'y a pas un tiers de femmes, et qu'en faisant deux établissements pour les deux sexes, il y aura comparativement trop peu de sujets pour l'un, et trop pour l'autre, sans qu'on puisse verser le superflu de manière à établir le niveau entre les deux.

On peut voir en détail dans l'ouvrage anglais, comment on peut sauver cette difficulté dans le panoptique, en disposant d'un côté les cellules des hommes, et de l'autre les cellules des femmes, et comment on peut prévenir, par des précautions de structure, d'inspection et de discipline, tout ce qui pourrait alarmer la décence.

Séparation en classes et en compagnies.

La plus grande difficulté jusqu'à présent a été celle de distribuer les prisonniers dans l'intérieur des prisons. Le mode le plus ordinaire, et cependant le plus vicieux à tous égards, c'est de **les confondre tous ensemble**, de mettre les jeunes avec les vieux, les voleurs avec les assassins, les débiteurs avec les criminels, et de les jeter dans une prison comme dans un cloaque, où ce qui n'est corrompu qu'à demi est bientôt attaqué d'une corruption totale, et où la fétidité de l'air est moins nuisible à leur santé que l'infection morale n'est dangereuse à leur cœur.

On comprend d'abord que le bruit, l'agitation, le tumulte, et toutes les scènes qu'offre sans cesse l'intérieur d'une prison, où les prisonniers sont entassés, ne laissent aucun intervalle où la réflexion puisse travailler, où le repentir puisse germer et fructifier.

Un autre effet non moins frappant d'une telle association, c'est d'endurcir les hommes contre la honte. La honte est la crainte du blâme de ceux avec qui nous vivons : mais le crime peut-il être blâmé parmi des criminels ? Qui d'entre eux se condamnera lui-même ? Qui ne cherchera pas à se faire des amis plutôt que des ennemis parmi ceux avec lesquels il est forcé de vivre ? Le monde qui nous environne est celui dont l'opinion nous sert de règle et de principe. Des hommes séquestrés de cette façon font un public à part ; leur langage et leurs mœurs s'assimilent. Il se fait insensiblement, par un consentement tacite, une loi locale, qui a pour auteurs les plus abandonnés des hommes : car, dans une telle société, les plus dépravés sont les plus audacieux et les plus méchants imposent à tous les autres. Ce public ainsi composé appelle de la condamnation du public extérieur, et casse sa sentence. Plus ce peuple, enfermé dans cette enceinte, est nombreux, plus les clameurs sont bruyantes, plus il est aisé de noyer dans le tumulte le faible murmure de la conscience, le souvenir de cette opinion publique, que l'on n'entend plus, et le désir de regagner l'estime des hommes que l'on ne voit plus.

Le mode le plus opposé à celui-là, c'est de *confiner les prisonniers dans une solitude absolue*, pour des séparer entièrement de la contagion morale, et les livrer à la réflexion et au repentir ; mais le bon et judicieux Howard, qui a accumulé tant d'observations sur les prisonniers, avait bien vu que la solitude absolue, qui produit d'abord un effet salutaire, perd assez promptement son efficace, et fait tomber un malheureux captif dans le désespoir, la folie ou l'insensibilité. En effet, quel autre résultat peut-on attendre quand on laisse une âme vide, pendant des mois et des années, se tourmenter elle-même ? C'est donc une pénitence qui peut être utile pendant quelques jours pour dompter un esprit de rébellion ; mais il ne faut pas le prolonger. Le quinquina et l'antimoine ne doivent pas être employés comme des aliments ordinaires.

La solitude absolue, si contraire à la justice et à l'humanité, quand on en fait un état permanent, est encore heureusement combattue par les plus grandes raisons d'économie ; elle exige une dépense énorme en bâtiments ; elle double les frais pour éclairer, conserver la propreté, et renouveler l'air ; elle resserre le choix des travaux, en limitant trop l'étendue des cellules, et en excluant les professions qui exigent la réunion de deux ou trois ouvriers. Elle nuit encore à l'industrie, soit parce qu'il n'y a plus moyen de donner des, apprentis à des ouvriers expérimentés, soit parce que l'abattement de la solitude détruit l'activité et l'émulation, qui se développent dans un travail fait en compagnie.

Le troisième système consiste à *agrandir les cellules, et à leur donner assez de capacité pour recevoir deux, trois et quatre prisonniers*, et même un plus grand nombre en les assortissant, comme je le dirai bientôt, de la manière la plus convenable pour les caractères et les âges.

La construction même du panoptique donne tant de sécurités contre les révoltes et les complots entre les prisonniers, qu'on ne doit pas craindre leur réunion, en petites compagnies, parce qu'il n'y a rien pour favoriser leur évasion, et, qu'il y a beaucoup de moyens combinés pour la rendre impossible.

On dira plutôt que cette société ne sera qu'une école de crimes, où les moins pervers seront perfectionnés dans l'art de la scélératesse, par ceux qui en ont une longue expérience.

On peut prévenir cet inconvénient en distinguant les prisonniers en différentes classes suivant leur âge, le degré de leur crime, la perversité qu'ils montrent, leur application, et les marques de leur repentir[24]. L'inspecteur doit être bien peu intelligent et bien

---

[24] C'est le principe de mixité social que l'on retrouve aujourd'hui dans plusieurs domaines. Cela évite de créer une solidarité entre des gens semblable pour qu'ils se liguent contre les gardiens. C'est le principe du diviser pour mieux régner.

inattentif, s'il ne connaît pas en peu de temps le caractère de ses prisonniers, assez du moins pour les assortir de manière qu'il résulte de leur société un frein mutuel, un motif de subordination et d'industrie.

Il ne faut pas s'en laisser imposer par les mots. Tous ceux qui sont enfermés sont coupables ; ils ne sont pas tous pervertis. Le libertinage, par exemple, n'est pas la même chose que la violence : ceux dont les offenses consistent dans des actes d'une timide iniquité, comme les voleurs et les filous, sont plus à redouter en qualité de corrupteurs et de donneurs de leçons, qu'en qualité d'hommes dangereux pour la sûreté de la prison et l'audace de leurs entreprises. Ceux qui se sont abandonnés une fois au crime par la tentation de la pauvreté et de l'exemple, sont bien faciles à distinguer des scélérats endurcis. L'ivrognerie, source d'un si grand nombre de délits, ne peut pas être enseignée dans une maison de pénitence où il n'y a aucun moyen de s'enivrer. Indépendamment de ces différences essentielles, on reconnaîtra bientôt ceux qui ont une disposition plus marquée à se réformer, à contracter de nouvelles habitudes, et toutes ces observations serviront à former les assortiments des cellules et les compagnies de prisonniers.

Après cette précaution fondamentale, qu'a-t-on à craindre ? Le libertinage ? Mais le principe, de l'inspection le rend impossible. Les emportements, les querelles ? Mais l'œil qui voit tout en aperçoit les premiers mouvements, et sépare d'abord les caractères inconciliables. Le corrupteur dira-t-il qu'il n'y a point de danger dans le crime ? La preuve du contraire est dans la situation même. Fera-t-il une peinture attrayante de ses plaisirs ? Mais ce plaisir est éteint, la punition qui est comme sortie de ses cendres, est présente à la pensée par le souvenir du passé, par la souffrance actuelle, par la perspective de l'avenir. Dira-t-il qu'il n'y a point de honte dans le crime ? Mais ils sont plongés dans l'humiliation, et chacun n'a que deux ou trois compagnons pour appui.

Un sujet de conversation plus naturel et plus consolant se présente à eux : l'amélioration de leur état présent et futur. Comment s'y prendront-ils pour tirer plus de parti de leur ouvrage

? Que feront-ils de ce qu'ils gagnent à présent qu'ils ne peuvent que travailler, et que toute dissipation est impossible ? Quel usage feront-ils de leur liberté quand leur terme sera fini, et à quoi pourront-ils appliquer leur industrie ? Ceux qui auront accumulé des profits, donneront de l'annulation aux autres. Comme c'est l'intérêt du moment qui les avait fait tomber dans le crime, l'intérêt du moment les ramène à une bonne conduite. Une réformation mutuelle est du moins aussi probable qu'une corruption progressive.

Les petites associations sont favorables à l'amitié qui est la sœur des vertus. Un attachement durable et honnête sera souvent le fruit d'une société si intime et si longue.

Chaque cellule est une île : les habitants sont des matelots infortunés ; jetés dans cette terre isolée, par un naufrage commun, ils sont redevables l'un à l'autre de tous les plaisirs que peut donner la société ; adoucissement nécessaire, sans lequel leur condition, qui n'est que triste, deviendrait affreuse.

S'il y a parmi eux des hommes violents et colères, on les livre à la solitude absolue, jusqu'à ce qu'ils soient apprivoisés. On les prive de la société jusqu'à ce qu'ils aient appris, à en connaître la valeur.

Voilà donc un fonds de liaisons qu'on leur prépare pour le temps où on les rendra au monde. On prévient ainsi l'un des plus grands inconvénients qui accompagnent les emprisonnements dans les maisons de pénitence ; car le malheur de n'avoir plus d'amis dans leur état de liberté, les replonge presque toujours dans les excès de leur première vie. Mais en quittant l'école de l'adversité, ils seront l'un à l'autre comme d'anciens camarades qui ont fait ensemble leurs classes.

En admettant la distribution des prisonniers par petites compagnies formées d'après des convenances morales, il faut prendre garde à ne jamais se départir de ce principe, et à ne permettre en aucune occasion, une société générale et confuse qui pourrait détruire tout le bien qu'on aurait fait. L'ouvrage anglais renferme de grands détails sur un plan pour faire promener les prisonniers, sans rompre les divisions par compagnies ; mais ce plan n'est qu'un accessoire au projet, puisqu'il ne serait nécessaire que dans le cas où leurs travaux ne leur donneraient pas assez d'exercice.

Des travaux.

Passons à l'emploi du temps, objet d'une importance infinie, soit par des raisons d'économie, soit par des principes de justice et d'humanité, pour adoucir le sort actuel des malheureux, et pour leur préparer les moyens de vivre honnêtement du fruit de leur travail.

Il n'y a nulle raison de prescrire à l'entrepreneur l'espèce de travaux auxquels il doit occuper ses prisonniers, parce que son intérêt lui découvrira bien quels sont les plus lucratifs. Si le législateur se met à réglementer, il se trompera toujours : s'il ordonne des travaux peu profitables, ses règlements sont pernicieux : s'il ordonne les travaux les plus avantageux, ses règlements sont superflus ; mais les travaux avantageux cette année, ne le seront plus peut-être l'année prochaine : rien n'est plus absurde que de régler par des lois l'industrie qui varie sans cesse, et l'intérêt qui épie essentiellement les besoins.

Une faute qu'on doit relever, parce qu'elle est commune, c'est d'imaginer que l'on doit condamner les prisonniers à de certains travaux rudes et pénibles, souvent à pure perte, uniquement pour les fatiguer. Howard parle d'un geôlier qui avait entassé des pierres à une extrémité de la cour de la prison, et qui ordonnait aux prisonniers de les transporter à l'autre extrémité ; puis, il fallait les reporter à leur première place, et ainsi de suite. Quand on lui demanda l'objet de cette belle industrie, il répondit que c'était pour faire enrager tous ces drôles.

C'est une imprudence bien funeste que de rendre le travail odieux, d'en faire un épouvantail pour les criminels, et de lui imprimer une espèce de flétrissure. L'effroi d'une prison ne doit point porter sur l'idée du travail, mais sur la sévérité de la discipline, sur un uniforme humiliant, sur une nourriture grossière, sur la perte de la liberté. L'occupation, au lieu d'être le fléau du prisonnier, doit lui être accordée comme sa consolation et son plaisir. Elle est douce en elle-même en comparaison d'une oisiveté forcée, et son produit lui donnera une double saveur. Le travail, le père de la richesse ; le travail, le plus grand des biens, pourquoi le peindre comme une malédiction ?[25]

Le travail forcé n'est point fait pour les prisons : si vous avez besoin de produire de grands efforts, vous le ferez par des récompenses et non par des peines. La contrainte et la servitude n'avanceront jamais dans la carrière aussi loin que l'émulation et la liberté. Comment feriez-vous, porter à un prisonnier le fardeau dont un crocheteur se charge avec plaisir pour vingt sous ? Il feindrait de succomber sous le poids : comment découvririez-vous la fraude ? Peut-être même, succomberait-il en effet ; car la force du corps est en raison de la bonne volonté ; or, quand, elle n'a point d'énergie, les muscles n'ont point de ressort.

Le travail doit durer toute la journée, excepté l'intervalle des repas ; mais il est convenable que différents travaux se succèdent, qu'il y en ait de sédentaires et de laborieux, auxquels, on applique les hommes tour-à-tour, parce qu'une occupation constamment sédentaire ou constamment laborieuse, surtout dans un état de captivité, produirait une mélancolie sombre, ou ruinerait la santé : mais l'alternative de l'un à l'autre remplit le double objet du délassement et de l'exercice. Le mélange des occupations est donc une heureuse idée pour l'économie des maisons de pénitence.

De la Diète.

On doit relever deux erreurs principales sur la nourriture des prisonniers.

La plupart ont cru devoir en *limiter la quantité, et donner des mesures fixes* : mais c'est un véritable acte d'inhumanité pour

---

[25] Le travail rend libre, comme le dit si bien l'inscription au-dessus de l'entrée du camp d'Auschwitz.

tous ceux à qui cette ration ne suffit pas : c'est une punition bien inégale : elle ne se proportionne point au degré du délit, mais à la force ou à la faiblesse d'un homme : et bien cruelle : ce n'est point une injustice d'un jour ou d'un mois, mais de plusieurs années. Si la faim d'un malheureux n'est pas apaisée après son repas elle ne diminuera pas sans doute dans l'intervalle. Il éprouvera donc un malaise perpétuel, une langueur qui minera peu-à-peu ses forces. C'est une véritable torture, avec cette seule différence que dans ce cas, la torture est appliquée à l'intérieur de l'estomac, au lieu de l'être aux bras et aux jambes.

Pourquoi n'a-t-on pas encore dit nettement qu'on devait nourrir un prisonnier selon la mesure de son appétit ? N'est-ce pas là l'idée la plus simple et le premier vœu de la justice ?

La seconde erreur dans laquelle on est tombé par une bonté irréfléchie, ***c'est de proposer de la variété dans les aliments des prisonniers***, au point que quelques réformateurs, et entre autres le bon Howard, plus indulgent pour les autres que pour lui-même, ont demandé qu'on leur donnât de la viande au moins deux fois par semaine, sans penser que la plupart des habitants de la campagne, et beaucoup dans les villes, ne peuvent pas se procurer ce premier objet de luxe[26]. Faut-il réaliser pour ceux qui ont perdu la liberté par des crimes, ce vœu d'Henri IV, qui n'est encore qu'une espérance éloignée pour tant de vertueux cultivateurs ?

Cette méprise se manifeste en Angleterre, par une gradation curieuse dans la nourriture des individus, comparée avec leur qualité. Les pauvres les plus honnêtes, ceux qui subsistent de leur travail, ont à peine un peu de viande le dimanche. Les pauvres qui sont entretenus aux frais du public en ont, d'après un terme moyen, quatre fois par semaine. Les malfaiteurs, emprisonnés pour les crimes les plus odieux, en ont tous les jours. Que penser de cette différence ?

---

[26] La mise en concurrence des pauvres comme justificatif de la limitation des droits.

La nourriture des prisonniers doit être la plus commune et la moins chère que le pays peut, fournir, parce qu'ils ne doivent pas être mieux traités que la classe pauvre et laborieuse : nul mélange, car il n'est pas nécessaire d'aiguiser leur appétit. De l'eau, pour toute boisson ; jamais de liqueur fermentée : du pain, si le pain est la nourriture la plus économique ; mais c'est une manufacture, et la terre nous fournit des aliments très-abondants et très-saints, qui n'ont pas besoin d'être manufacturés. La race des Irlandais qui ne mangent que des pommes de terre, est-elle faible et dégénérée ? Le montagnard écossais qui ne se nourrit que de farine d'avoine, est-il timide à la guerre ?

Au reste, on doit laisser à chaque prisonnier la liberté d'acheter des aliments plus variés et plus succulents, avec le produit de son travail[27] ; car c'est la meilleure spéculation, même pour l'économie, que d'exciter l'industrie par une récompense, et d'attribuer à chacun d'eux une certaine proportion de ses profits. Mais la récompense, pour avoir toute son énergie, doit s'offrir sous la forme d'une gratification actuelle, et l'on ne peut rien imaginer de plus innocent, ni de plus propre à opérer sur cette classe d'hommes, qu'une jouissance de cette nature qui flatte en même temps le goût et la vanité.

Cependant on doit toujours excepter les liqueurs fermentées, parce qu'il est impossible de tolérer un usage modéré, sans courir le hasard des excès, vu que le breuvage, qui ne produit point d'effet sensible sur un homme, suffit pour faire perdre la raison à un autre. Cette règle n'est point trop sévère, puisqu'il y a un grand nombre de pauvres industrieux et honnêtes, qui ne peuvent jamais se donner cette indulgence.

De l'habillement.

Il faut consulter l'économie en tout ce qui n'est pas contraire à la santé et à la bienséance. L'habillement, pour répondre au grand

---

[27] Le prisonnier est un consommateur comme un autre.

objet de l'exemple, doit porter quelque marque d'humiliation. La plus simple et la plus utile serait de faire les manches de l'habit et de la chemise d'une longueur inégale pour les deux bras. Ce serait une sûreté de plus contre l'évasion, et un moyen de reconnaître un homme échappé ; car, même après un certain temps, il y aurait une différence sensible de couleur entre le bras couvert et le bras nu.

De la propreté et de la santé.

Les détails sur ce sujet ne sont pas nobles en eux-mêmes ; mais ils sont ennoblis par la fin qu'on se propose.

L'admission d'un prisonnier dans sa cellule doit être précédée d'une ablution complète. Il serait même convenable qu'on mît à cette admission quelque cérémonie solennelle, comme une prière, une musique grave, un appareil qui fit impression sur des âmes grossières. Combien les discours sont faibles en comparaison de ce qui frappe l'imagination par les sens ?

Le prisonnier doit avoir un habit grossier, mais blanc et sans teinture, afin qu'il ne puisse contracter aucune malpropreté qui ne se montre d'abord : ses cheveux doivent être rasés ou coupés courts. L'usage des bains doit être régulier. Il ne faut tolérer aucune espèce de tabac, ni aucune coutume contraire à la pratique des maisons les plus propres. On fixera les jours où il faut renouveler le linge.

Toute cette délicatesse n'est pas nécessaire à la santé ; mais comme une prison a été presque partout un séjour d'horreur, il vaut mieux prendre des précautions extraordinaires que d'en négliger aucune. Pour redresser un arc, dit le proverbe, il faut le tendre en sens contraire.

Cette partie du régime a même un objet supérieur : entre la délicatesse physique et morale, on a observé une liaison, qui est l'ouvrage de l'imagination, mais qui n'en est pas moins réelle. Howard et d'autres l'ont remarqué. Les soins de propreté sont un stimulant contre la paresse, ils accoutument à la circonspection, et apprennent à porter, jusque dans les petites, choses, le joug de la décence. La pureté morale et physique ont un langage commun. On ne peut louer une de ces vertus, sans qu'une partie de la louange ne réfléchisse sur l'autre. De là ces systèmes de purifications et d'ablutions auxquels les fondateurs des religions de l'orient ont attaché une importance si minutieuse. Ceux qui ne croient pas à l'efficace spirituelle de ces rites sacrés, ne nieront pas leur influence corporelle. L'ablution est un type : puisse-t-elle être une prophétie ! Que n'est-il aussi aisé de purifier l'âme de nos prisonniers que leurs, corps !

L'exercice en plein air est un préservatif pour la santé ; mais il faut que cet exercice soit soumis, comme tout le reste, à la loi inviolable de l'inspection, qu'il ne soit point incompatible avec le degré de séparation ou de formation en petites sociétés que l'on aura jugé convenable, qu'il soit favorable, à l'économie, c'est-à-dire productif[28], s'il est possible ; et appliqué à quelque travail utile. L'ouvrage anglais renferme beaucoup de détails, d'où il résulte que l'auteur donne la préférence à l'usage des grandes roues qui sont mises en mouvement par le poids d'un ou de plusieurs hommes, et qui donnent une force qu'on peut employer à volonté pour mille objets mécaniques. Cet exercice remplit toutes les conditions qu'on peut souhaiter. On peut les proportionner aux forces de chaque individu. Un prisonnier, paresseux ne peut pas tromper l'inspecteur. Un inspecteur ne peut pas en faire un usage tyrannique contre ses prisonniers. Il n'a rien de dur et d'inhumain ; ce n'est qu'une manière différente de monter une colline. L'effet est produit par le seul poids du corps qui s'applique successivement à différents points. C'est d'ailleurs un travail compatible avec le plan de séparation, et même avec celui d'une solitude absolue. On peut y employer les femmes mêmes, et il n'est rien de plus facile que de distribuer les tours des prisonniers, de manière à leur donner deux

---

[28] Le prisonnier doit participer à l'appareil de production capitaliste. Le même traitement doit également être imposé aux ouvriers « libre ». Libre ou prisonnier, il y a peu de différence entre la manière de traiter l'un ou l'autre. C'est aujourd'hui le sens que prend le panoptique.

fois par jour un exercice qui n'en sera pas moins bon pour la santé, parce qu'il aura de plus un objet économique et utile.

Ces précautions sont plutôt des vues susceptibles d'être perfectionnées que des ordres péremptoires.

On ne veut pas fixer non plus la distribution du temps, qui peut varier selon diverses circonstances ; mais on doit avoir pour, principe d'éviter toute oisiveté dans un régime qui a pour objet la réformation des mœurs, et ce serait une grande faute que de donner aux prisonniers plus de sept ou huit heures pour leur sommeil. La coutume oiseuse de rester dans le lit quand on est éveillé, est aussi contraire à la constitution du corps qu'elle affaiblit, qu'à celle de l'âme, où l'indolence et la mollesse fomentent tous les germes de la corruption. Les longues soirées d'hiver doivent avoir leurs occupations réglées, et quand on pourrait supposer que leur travail ne vaudrait pas la dépense des lumières, il y aurait encore des raisons d'humanité et de sagesse plus fortes que celles de l'économie, pour ne pas condamner tous ces malheureux à douze ou quinze heures de langueur et d'obscurité. Rien n'est si facile que de placer les lumières hors des cellules, de manière à éviter tout danger de négligence ou de malice, et même à maintenir pendant la nuit la principale force du principe de l'inspection.

De l'instruction et de l'emploi dit dimanche.

Chaque maison de pénitence, doit être une école : c'est d'abord une nécessité pour les jeunes gens qu'elle renferme, puisque cet âge tendre n'est point exempt des crimes qui conduisent à ce genre de peine : mais pourquoi refuserait-t-on le bienfait de l'instruction à des hommes ignorants qui peuvent devenir des membres utiles de la société, par une éducation nouvelle ? La lecture, l'écriture, l'arithmétique peuvent convenir à tous. Si quelques-uns d'entre eux ont les semences, de quelque talent particulier, on peut les cultiver et en tirer un parti avantageux. Le dessin est une branche lucrative d'industrie, et sert à plusieurs arts. La musique pourrait avoir une utilité spéciale, en attirant un plus grand concours à la chapelle. Si le chef d'une telle maison joignait à une idée juste de son intérêt une certaine mesure d'ardeur et d'intelligence, il trouverait bien son compte à développer leurs différentes capacités, et ne pourrait pas faire son bien particulier, sans faire encore plus le leur. Il n'y a point de maître qui ait un si grand intérêt aux progrès de ses disciples, puisqu'ils sont ses apprentis et ses ouvriers.

Le dimanche nous offre un espace vacant à remplir. La suspension des travaux mécaniques amène naturellement l'enseignement moral et religieux, selon la destination de ce jour ; mais comme on ne peut pas employer le jour entier à ces instructions qui deviendraient, par leur longueur, inutiles et monotones, il faut les varier par des leçons différentes, auxquelles on peut donner encore un objet moral et religieux par le choix des ouvrages sur lesquels on les exerce à lire, à copier, à dessiner ; et le calcul même peut donner une double instruction, en offrant à résoudre des questions qui développent les produits du commerce, de l'agriculture, de l'industrie et du travail.

On renvoie à l'ouvrage anglais pour la manière de placer les prisonniers sur un amphithéâtre découvert pendant ces exercices, sans abandonner le principe de l'inspection et de la séparation, et sans compromettre la sûreté des maîtres.

Des châtiments.

Il peut y avoir des offenses commises dans la prison même, il doit donc y avoir des châtiments. On peut en augmenter le nombre sans en augmenter la sévérité ; on peut les diversifier avec avantage, selon la nature du délit.

Un mode d'analogie, c'est de diriger la peine contre la faculté dont on a abusé. Un autre mode, c'est de tout arranger de façon que la peine sorte, pour ainsi dire, de la faute elle-même. Ainsi des clameurs outrageuses peuvent être domptées et punies par le bâillon : des coups, des violences, par la veste étroite que l'on met aux fous ; le refus du travail par le refus de la nourriture, jusqu'à ce que la tâche soit faite. On sent ici l'avantage de ne pas condamner habituellement les prisonniers à une solitude absolue : c'est un instrument utile de discipline que l'on aurait perdu, et qui est un moyen de contrainte d'autant plus précieux, qu'on ne peut pas en abuser, et qu'il n'est pas contraire à la santé comme les châtiments corporels. Mais on ne doit donner au gouverneur que le pouvoir de condamner les prisonniers à la solitude ; les autres châtiments ne doivent être administrés qu'en présence et sous l'autorité de quelques magistrats.

C'est ainsi que la loi de la responsabilité mutuelle peut se montrer dans tout son avantage. Renfermée dans les bornes de chaque cellule ; elle ne peut jamais dépasser les limites de la plus étroite justice : dénoncez le mal, ou souffrez comme complice. Quel artifice peut éluder une loi si inexorable ? Quelle conspiration peut tenir contre elle ? Le reproche qui, dans toutes les prisons, s'attache avec tant de virulence au caractère de dénonciateur, ne trouverait point ici de base où il pût se prendre. Nul n'a droit de se plaindre de ce qu'un autre fait pour sa propre conservation. Vous me reprochez ma méchanceté, répondrait l'accusateur, mais que dois-je penser de la vôtre, vous qui savez bien que je serai puni pour votre fait, et qui voulez me faire souffrir pour votre plaisir ? Ainsi, dans ce plan, autant de camarades, autant d'inspecteurs ; les personnes mêmes qu'il faut garder se gardent mutuellement, et contribuent à la sécurité générale. Observez encore ici un autre avantage des divisions par petites compagnies ; car, dans toutes les prisons, la société des prisonniers est une source continuelle de fautes : dans les cellules des panoptiques, la société est une caution de plus de leur bonne conduite.

Couverte de la rouille de l'antiquité, la loi de la responsabilité mutuelle a captivé, depuis des siècles, l'admiration des Anglais. Les familles étant réparties par dizaines, chacune répondait pour toutes les autres. Quel est pourtant le résultat de cette loi célèbre ? Neuf innocents punis pour un coupable. Pour imprimer à cette responsabilité l'équité qui la caractérise dans le panoptique, que faudrait-il ? Donner de la transparence aux murs et aux forêts, et condenser toute, une ville dans un espace de deux toises.

Provision pour les prisonniers libérés.

On a tout lieu de penser qu'après un cours de quelques années, peut-être même de quelques mois seulement, d'une éducation si stricte, les prisonniers accoutumés au travail, instruits dans la morale et la religion, ayant perdu leurs habitudes vicieuses par l'impuissance de s'y livrer, seront devenus des hommes nouveaux. Il y aurait cependant une grande imprudence à les jeter dans le monde sans gardiens et sans secours, à l'époque de leur émancipation, où l'on peut les comparer à des enfants longtemps gênés, qui viennent d'échapper à la surveillance de leurs maîtres.

On ne doit mettre un prisonnier en liberté, que lorsqu'il peut remplir l'une ou l'autre de ces conditions : d'abord, si les préjugés ne s'y opposent pas, il peut entrer dans le service de terre, ou dans le service de mer ; il est tellement accoutumé à l'obéissance, qu'il deviendrait sans peine un très-bon soldat. Si l'on craint que de telles recrues ne fussent une tache pour le service, on ne fait guère attention à l'espèce d'hommes dont les recruteurs remplissent les armées.

Dans le cas où une nation forme des colonies, les prisonniers seraient préparés par leur genre d'éducation, à devenir des sujets plus utiles pour ces sociétés naissantes, que les malfaiteurs qu'on y envoie. Mais on ne forcerait pas le prisonnier ; qui aurait achevé son temps de captivité à s'expatrier ; on lui en donnerait seulement le choix et les moyens.

Un autre mode pour eux de rentrer dans leur liberté, ce serait de trouver un homme responsable, qui voulût devenir leur caution pour une certaine somme, en renouvelant cette caution toutes les années, et en s'engageant, s'il ne la renouvelait pas, à représenter la personne elle-même.

Ceux des prisonniers qui auraient des parents, des amis ; ceux qui se seraient fait une réputation de sagesse, d'industrie et d'honnêteté dans leurs années d'épreuve, n'auraient point de peine à trouver une caution : car, quoiqu'on ne prenne pas pour le service domestique des personnes d'un caractère entaché, cependant il est mille travaux pour lesquels on n'a pas les mêmes scrupules, et l'on pourrait encourager les cautionnements de plusieurs manières.

La plus simple de toutes serait de donner à la personne qui se rendrait caution, le pouvoir de faire un contrat à long terme, avec le prisonnier libre, semblable à celui d'un maître avec un apprenti, en sorte qu'il aurait le pouvoir de le reprendre s'il venait à s'échapper, et d'obtenir des dédommagements contre ceux qui auraient voulu le séduire et l'engager à leur service.

Cette condition, qui paraît dure au premier coup d'œil pour le prisonnier libéré, est dans le fait un avantage pour lui ; car elle lui assure le choix entre un plus grand nombre de compétiteurs qui rechercheront le privilège d'avoir des ouvriers dont ils peuvent être sûrs.

On n'entre point dans l'examen des précautions nécessaires pour s'assurer de la validité des cautionnements. La meilleure serait de rendre le gouverneur de la prison responsable pour la moitié de la caution, dans le cas où elle aurait manqué, parce qu'alors il serait intéressé à bien connaître ceux avec lesquels il passerait ces transactions juridiques.

Mais examinons à présent le cas qui doit souvent arriver, où un prisonnier n'aurait ni amis ni parents, ne trouverait point de caution, ne serait reçu, ni à s'enrôler ni à passer dans une colonie. Faut-il l'abandonner au hasard et le relancer dans la société ? Non, sans doute ; ce serait l'exposer au malheur ou au crime. Faut-il le retenir dans les mêmes liens d'une discipline sévère ? Non ; ce serait prolonger son châtiment au-delà du terme fixé par la loi.

On doit avoir, un établissement subsidiaire, fondé sur le même principe : un panoptique dans lequel on laissera régner plus de liberté, où il n'y aura plus de marque humiliante, où on admettra le mariage, où les habitants traiteront pour leurs travaux à-peu-près sur le même pied que les ouvriers ordinaires ; où l'on peut, en un mot, répandre autant de bien-être et de liberté que cela peut être compatible avec les principes de la sûreté, de la bienséance et de la sobriété. Ce sera un couvent soumis à des règles fixes, avec cette différence, qu'il n'y aura point de vœu ; les personnes recluses pourront sortir dès qu'elles trouveront une caution, ou rempliront les conditions de l'élargissement.

On fera une objection : « *Le panoptique subsidiaire est un réceptacle pour des manufacturiers qui travaillent en certain nombre sous un toit commun ; et l'expérience a prouvé que de tels réceptacles étaient une pépinière de vices. Les seules manufactures qui ne ruinent pas les mœurs, sont celles où les ouvriers sont épars, celles qui, comme l'agriculture, couvrent toute la surface d'un pays, ou celles qui se renferment dans l'intérieur des familles où chaque homme peut travailler au-milieu des siens, dans le sein de l'innocence et de la retraite* ».

Cette observation est fondée, mais elle ne va point contre ce plan : il y a une grande différence entre une manufacture ordinaire, et celle qu'on établirait dans un panoptique. Dans quelle maison publique ou privée peut-on trouver une pareille sécurité pour la chasteté du célibat, pour la fidélité du mariage, et pour la suppression de l'ivrognerie, habitude meurtrière qui cause tant de misère et de désordres ?

Ces précautions pour les prisonniers à l'époque de leur élargissement, sont ce qu'elles doivent être pour leur ôter la tentation et la facilité de retomber dans le crime. On a beaucoup admiré l'idée de donner à ceux qui sont élargis une provision en argent, afin qu'un besoin immédiat ne les jetât pas dans le désespoir ; mais, une telle ressource n'est que momentanée. Elle peut même devenir un piège pour des hommes qui ont si peu de mesure et de prévoyance ; et, après une jouissance passagère, d'autant plus irrésistible que les privations ont été plus longues, l'argent est perdu, la pauvreté reste, et les séductions les environnent.

Cet exposé, qui ne renferme que les principales idées de l'auteur, suffit pour apprécier ce qui est annoncé au commencement de ce mémoire.

Au moyen de deux principes, l'inspection centrale et l'administration par contrat, on obtient pour résultat une réforme vraiment essentielle dans les prisons ; on s'assure de la bonne conduite actuelle et de la réformation future des prisonniers. On augmente la sécurité publique, en faisant une économie pour l'Etat. On crée un nouvel instrument de gouvernement par lequel un homme seul se trouve revêtu d'un pouvoir très grand pour faire le bien, et nul pour faire le mal.

Le principe panoptique peut s'adapter avec succès à tous les établissements où l'on doit réunir l'inspection et l'économie ; il n'est pas nécessairement lié avec des idées de rigueur : on peut supprimer les grilles de fer ; on peut avoir des communications ; on peut rendre l'inspection commode et non gênante. Une maison d'industrie, une manufacture bâtie sur ce plan, donne à un seul homme la facilité de diriger les travaux d'un grand nombre ; et les divers appartements pouvant être ouverts ou fermés, permettent différentes applications du principe. Un hôpital panoptique ne pourrait admettre aucun abus de négligence ni dans la propreté, ni dans le renouvellement de l'air, ni dans l'administration des remèdes. Une plus grande division d'appartements servirait à mieux séparer les maladies. Les tubes de fer-blanc donneraient aux malades une communication continuelle avec leurs gardiens. Un vitrage en dedans, au lieu de grilles, laisserait à leur choix le degré de température. Un rideau pourrait les soustraire tous les regards. Enfin, ce principe peut s'appliquer heureusement à des écoles, à des casernes, à tous les emplois où un homme seul est chargé du soin de plusieurs. Au moyen d'un panoptique, la prudence intéressée d'un seul individu est un meilleur gage de succès que ne le serait, dans tout autre système, la probité d'un grand nombre.

RESUME.

Principes caractéristiques du panoptique.

1. Présence universelle et constante du gouverneur de l'établissement.

2. Effet immédiat de ce principe sur tous les membres de l'établissement ; conviction qu'ils vivent et qu'ils agissent incessamment sous l'inspection parfaite d'un homme intéressé à toute leur conduite.

3. Gouverneur muni d'un pouvoir jusqu'à présent inconnu par l'effet de ce principe panoptique, et rendu, par la constitution même de l'établissement, intéressé au plus haut degré imaginable à la santé, à l'industrie, à la bonne conduite et à la réformation de ceux qui lui sont soumis.

4. Facilité donnée au législateur, à la nation en général, et à chaque individu en particulier, de s'assurer, à chaque instant, de la perfection du plan et de son exécution.

Sûre garde.

1. Bâtiment circulaire ou polygone.

2. Cellules à la circonférence pour les prisonniers.

3. Loge d'inspecteur au centre, où chaque visiteur peut être admis sans aucun dérangement.

4. Galeries immédiatement autour de la loge de l'inspecteur, pour les sous-inspecteurs et les domestiques.

5. Cloisons extérieures des cellules formées par la muraille du bâtiment. Cloisons intérieures par un grillage de fer, pour que rien n'échappe à l'inspection. Divisions entre les cellules par un mur de brique, qui intercepte la communication entre elles.

6. Jalousies aux fenêtres de la loge et des galeries, afin que les prisonniers, ne pouvant voir ce qui se passe dans l'intérieur, n'aient aucun moyen de s'assurer qu'on ne les regarde pas.

7. Patrouilles et réverbères dirigés, vers les cellules, pour donner à la nuit la sécurité du jour.

8. Espace vide entre les cellules et la loge d'inspection, du haut en bas, recouvert en haut d'un vitrage, et creusé en bas de manière à prévenir toute communication.

9. Passages et escaliers en petit nombre, étroits et consistant en grillages de fer, pour prévenir les réunions et ne pas nuire à l'inspection.

10. Nul accès vers les prisonniers que par la loge de l'inspecteur

11. Fossé circulaire à l'extérieur du bâtiment, pour rendre la fuite encore plus impraticable.

12. Espace vide au-delà du fossé pour divers usages, entouré d'un mur quadrangulaire.

13. Palissade au-delà du mur, que personne ne peut franchir sans se rendre coupable.

14. Deux corps de garde, à deux angles opposés, entre le mur et la palissade.

15. Une seule avenue formée par deux murs qui viennent en angle droit du grand chemin, aboutir au front du bâtiment, en sorte que personne ne puisse approcher sans être observé.

16. Portes grillées de fer à l'entrée de l'avenue, au travers desquelles on peut faire feu sur des agresseurs mal intentionnés.

17. En face de cette porte, dans la direction du grand chemin, un mur assez long pour protéger les passants paisibles dans un moment de tumulte.

Santé et propreté.

1. Moyens de ventilation perfectionnés, **1°** par l'espace circulaire intérieur qui s'ouvre par le haut ; **2°** par la structure des cellules, ayant des fenêtres sur le dehors et un grillage de fer dans l'intérieur ; **3°** par des poètes pour l'hiver, construits de manière à renouveler l'air continuellement.

2. Tuyaux pratiqués dans chaque muraille entre deux cellules, sur le principe anglais, pour éviter toutes les odeurs et toutes les malpropretés.

3. Réservoir d'eau autour du sommet du bâtiment, et tubes qui la conduisent dans chaque cellule.

4. Plancher de pierre ou de stuc, de manière qu'il n'y ait point d'interstices pour recéler des matières putrides ou des malpropretés.

5. Chambre séparée où tous les prisonniers sont visités avant leur· réception.

6. Alternative de travaux sédentaires et actifs : ceux-ci en plein air.

7. Liqueurs fermentées absolument défendues ; tabac interdit sous toutes les formes.

8. Cheveux coupés courts, bains fréquents ; habits sans teinture et fréquemment lavés.

9. Santé et propreté assurées par le séjour du chirurgien, du gouverneur et des employés respirant le même air que les prisonniers, par l'admission continue des visiteurs et par le concours public à la chapelle.

10. Attention du gouverneur, intéressé à la conservation des prisonniers par la constitution de l'établissement, qui l'oblige à payer pour leur mort.

Economie.

1. Cellules remplissant chacune les diverses fonctions-de dortoir, réfectoire, atelier, et occasionnellement de cachot, d'infirmerie, de chapelle, et de divisions pour séparer les deux sexes ; établissements nécessaires, pour parvenir à un bon ordre dans tout autre bâtiment que le panoptique.

2. La grande épaisseur des murailles et autres dépenses de fer, mesures nécessaires jusqu'à présent dans les prisons, rendues inutiles par l'impossibilité de tenter une brèche sans être vu.

3. Administration déléguée au gouverneur, avec une modique somme pour l'entretien de chaque prisonnier, vu que leur travail lui appartient en propre : comptes rendus publics, pour servir à régler le prix des entreprises subséquentes, sans gêner le premier entrepreneur dans ses différentes tentatives pour augmenter son profit.

4. Nombre des officiers et sous-inspecteurs réduit à un point étonnant par la perfection du principe panoptique, et aidé par différentes inventions de détail, comme, **1°** des tubes ou porte-voix de fer-blanc, traversant de la loge de l'inspecteur dans chaque cellule ; **2°** les tubes qui conduisent l'eau partout ; **3°** les portes des cellules que l'inspecteur ouvre sans sortir de la loge d'inspection, etc.

5. Industrie augmentée par le mélange des travaux sédentaires et laborieux, et par les précautions prises contre les excès de la température, de sorte que toute la journée est occupée, excepté les heures du sommeil et du repos.

6. Nourriture, quoique illimitée pour la quantité, toujours la plus économique et sans variété.

Réformation.

1. Les délits communs dans toutes les prisons, prévenus par le principe panoptique.

2. Soins religieux rendus constants par le séjour d'un ecclésiastique, aux yeux duquel ils sont toujours soumis.

3. Longue habitude d'obéissance, de tempérance, de tranquillité', de propreté et d'industrie, contractée sous le régime du principe panoptique.

4. Responsabilité mutuelle entre les habitants d'une même cellule.

5. Bons effets de l'amitié qui doit résulter de cette association prolongée.

6. Influence de la propreté habituelle sur le moral.

7. Le dimanche consacré à toute espèce d'instruction qui n'est pas contraire aux usages religieux.

Précautions touchant l'élargissement des prisonniers.

1. Permission d'entrer au service militaire, où la discipline suffit pour assurer leur bonne conduite.

2. Permission de s'engager au service d'un particulier qui donnera caution de la bonne conduite du prisonnier ou de son renvoi.

3. Encouragements donnés aux maitres, pour les prendre à leur service, tels que le droit de traiter avec eux comme avec des apprentis.

4. Responsabilité du gouverneur pour la moitié de la caution, dans le cas où elle manquerait.

5. Permission donnée au gouverneur d'établir lui-même un panoptique subsidiaire, pour prendre les prisonniers aux mêmes termes que d'autres maîtres.

6. Prolongation du séjour dans la même maison, faute d'autres établissements de charité pour ceux qui, par manque d'industrie ou de force, ne trouvent personne pont les prendre.

Restriction contre l'intérêt personnel du gouverneur.

1. Obligation du gouverneur de publier tous les détails de son administration.

2. Obligation de recevoir tous les visiteurs, un certain nombre à la fois.

3. Obligation de donner, à des heures marquées, une quantité de nourriture, selon le gré du prisonnier.

4. Interdiction de tout châtiment, hormis la solitude, sans avoir, au préalable, l'avis de personnes désignées par la législature, pour les cas extraordinaires.

5. Toute autre restriction serait souvent nuisible et sûrement superflue, par l'intérêt du gouverneur à la conservation de ses prisonniers, à cause de la somme qu'il doit payer à chaque mort.

Autres usages du principe panoptique.

1. Application de ce principe général, dans tous les cas où un grand nombre doit être constamment sous l'inspection d'un petit, soit pour le simple renfermement des personnes accusées, soit pour la punition des coupables, soit pour réformer les méchants, soit pour forcer le travail des paresseux, soit pour faciliter le traitement des malades, soit pour rendre l'enseignement facile ou porter le pouvoir de l'éducation à un point jusqu'à présent inconcevable.

2. Établissements auxquels il est conséquemment applicable :
 1° Maison de sûreté,
 2° Prisons,
 3° Maisons de correction,
 4° Maisons de travail,
 5° Hôpitaux,
 6° Manufactures,
 7° Écoles.
 8° Suffisance d'un seul homme de confiance, pour des établissements, de quelque grandeur qu'ils soient.

Table des illustrations.

Table des matières.